엄마가 치워

스콜라 scola_가치 있는 책을 만드는 아름다운 책 학교
(주)위즈덤하우스의 아동·청소년 브랜드입니다.

글 김선희
서울예술대학 문예창작학과를 졸업했습니다. 제7회 황금도깨비상을 받았고, 현재 어린이 책을 기획하고 집필하는 일을 하고 있습니다. 어렸을 때 공상소녀였는데, 그런 공상들을 글로 풀어서 지금까지 줄곧 글을 쓰고 있답니다. 그동안 쓴 책으로는 《흐린 후 차차 갬》《예담이는 열두 살에 1,000만 원을 모았어요》《우리 집에는 악어가 산다》 등이 있습니다.

그림 박윤희
홍익대학교에서 광고디자인을 전공했습니다. 자유롭고 따뜻한 그림이 그리워 동화 일러스트를 시작했답니다. 그린 책으로는 《김찰턴 순자를 찾아 줘유!》《겁이 나도 괜찮아》《우리 집은 아프리카에 있어요》《너는 나쁜 아이가 아니야》《사진은 어떻게 찍힐까?》《재미있는 돈 이야기》 등이 있습니다.

좋은습관 길러주는 생활동화 10

정리. 정돈. 습관을. 잡아주는. 책.

엄마가 치워

글 김선희 | 그림 박윤희

스콜라

작가의 말

정리도 습관이 되면 쉬워요

"손톱깎이 어디다 뒀지?"
"가위는 발이 달렸나? 또 어디로 간 거야?"

어쩌면 이렇게 우리 집 물건들은 찾을 때마다 없어지는지, 가끔씩 우리 집에 눈에 안 보이는 구멍이 뚫려 있지 않을까 하는 상상을 하곤 해요. 왜 양말은 늘 한 짝만 없어질까? 왜 내가 찾는 물건은 찾을 때는 안 나오고, 안 찾을 때는 나올까? 왜 방금 전까지 본 것 같은데 찾으면 사라지고 없을까?

어떤 때는 내가 찾는 물건들이 눈에 안 보이는 사차원 구멍 속에 숨어 있다가 나중에 슬그머니 나와 있는 건지도 모른다는 생각을 해요.

솔직히 물건을 잘 찾지 못하는 건, 내가 정리 정돈을 잘 못했기 때문에 벌어진 일이에요. 한번 썼던 물건들을 제자리에 두면 다음에 쉽게 찾을 수 있는데 아무 데나 두곤 했거든요.

이 책에 나오는 민지는 아침마다 '준비물 분실 사건'을 겪어요.

　일분일초가 아까운 아침에 준비물을 못 찾아서 허둥대는 민지의 모습이 왠지 낯설지는 않을 거예요. 아침마다 꽤 많은 집에서 벌어지는 일이니까요.
　민지처럼 아침마다 준비물을 찾지 못해 허둥대지 않으려면 정리 정돈을 잘하면 돼요.
　정리 정돈을 하기 힘들다고요? 천만에! 아주 간단해요. 모든 물건을 쓰고 나서 제자리에 놓아 두기만 하면 되거든요.
　안경은 안경집에, 연필은 필통 속에, 양말은 서랍 속에, 쓰레기는 쓰레기통 속에, 입고 난 옷은 빨래 통에, 신발은 신발장에, 사용하고 난 손톱깎이는 소지품 함에! 그렇다면 나처럼 물건을 찾기 위해 온 집 안을 뒤지는 일도, 민지처럼 아침에 준비물 찾느라 학교에 지각하는 일도 없을 거예요.
　공부든, 정리 정돈이든, 무슨 일이든 처음이 어려운 법! 습관을 들이면 훨씬 더 편하게 생활할 수 있답니다. 지금부터 차근차근 정리 정돈 습관을 길러 보세요.

김선희

차례

작가의 말 | 정리도 습관이 되면 쉬워요 … 4

이상한 도우미 할머니   8

깨끗하면 불안해   18

할머니 승!   30

집 찾기 놀이   39

엄마의 고백 53

민지는 못 말려 66

부록 | 민지와 함께 놀면서 정리 습관 기르자 … 74

　❶ 정리 습관 지수 테스트
　❷ 놀이도 하고! 정리도 하고!
　❸ 매일매일 지켜야 할 4가지

이상한 도우미 할머니

아빠, 엄마는 지쳐 있다. 오늘만 벌써 세 명이나 다녀갔다.

한 달 전 가사 도우미 아주머니가 그만뒀다.

"아들이 지방으로 발령받았시유. 가서 애도 봐 주구 살림도 해줄라구유. 섭섭해서 어쩐대유."

아주머니가 그만둘 때 민지는 하마터면 울 뻔했다. 헤어지게 된 것도 슬펐지만 아주머니가 만들어 주는 세상에서 제일 맛있는 떡볶이를 이제 먹을 수 없다는 게 더 슬펐다.

엄마는 늘 바쁘다. 회사에서 야근할 때가 안 할 때보다 더 많

다. 아빠는 더 바쁘다. 매일 12시 전에 들어온 적이 거의 없다. 가사 도우미의 도움을 받지 않으면 집안 꼴이 말이 아니게 된다.

맨 처음 온 사람은 젊은 아주머니였다. 손톱을 길게 기르고 새빨간 매니큐어까지 바른 아주머니는 거만한 표정으로,

"월급이 얼마예요?"

"시간 외 수당도 주나요?"

"손톱 관리비도 받아야겠는데요."

하고 말하는 바람에 탈락했다.

두 번째 온 사람은 아저씨였다.

덥수룩한 수염에 의기소침하고, 자신 없어 보이는 아저씨는 얼마 전 일자리를 잃었다면서 뭐든 시켜만 주면 열심히 하겠다고 했다.

엄마가 물었다.

"집안 살림해 본 적 있어요?"

아저씨가 머리를 긁적이며 말했다.

"한 번도 안 해 봤지만 이제부터 배워 가면서 열심히 해 보겠습니다."

아빠와 엄마가 마주 보며 한숨을 내쉬었다. 이번에도 안 되겠지?

세 번째 온 아주머니는 전에 있던 아주머니와 비슷했다. 엄마 눈이 반짝 빛났다. 엄마가 아빠한테 소곤거렸다.

"이번 아주머니는 일 잘하실 거 같지?"

아빠도 기대에 찬 얼굴로 고개를 끄덕거렸다.

아주머니는 일단 이 집 상태를 봐야겠다면서 집 안을 돌아다녔다. 먼저 냉장고 문도 열어 보고, 화장실, 베란다, 창고를 다 둘러본 뒤 방들을 돌아다녔다. 아주머니 얼굴이 점점 굳어졌다. 특히 안방 문을 열고 안을 들여다봤을 때는 비명까지 질렀다.

"도저히 이 집에서는 일 못 하겠어요. 이렇게 엉망진창인 집은 제 평생에 처음이에요. 면접은 안 본 걸로 하겠습니다."

아주머니는 누가 붙잡기라도 할세라 황급히 집을 나가 버렸다.

엄마, 아빠는 소파에 털썩 앉으며 한숨을 푹 내쉬었다.

"어휴, 가사 도우미 구하는 게 하늘의 별 따기네."
아빠는 외출복을 입고 나왔다.
"난 좀 나갔다 올 테니까 당신이 알아서 뽑아."

저녁때 초인종이 울렸다. 인터폰으로 봤더니 웬 무섭게 생긴 할머니가 문 앞에 서 있었다.
민지는 기어들어 가는 목소리로 물었다.
"누구세요?"

"여기 가정부 구한다며? 빨리 문 열어."

문을 열자 그 할머니는 커다란 가방을 들고 안으로 성큼 들어왔다. 가방은 사람 한 명은 너끈히 들어갈 정도로 컸다.

할머니는 들어오라는 말도 안 했는데 신발을 벗더니 거실로 불쑥 들어섰다.

집 안을 한 번 휘 둘러본 할머니가 한마디했다.

"음, 정말 심각하군."

소파에서 자고 있던 엄마가 눈을 번쩍 떴다. 엄마는 할머니를 보더니 놀라서 벌떡 일어나 앉았다.

엄마가 겁먹은 목소리로 물었다.

"어, 어떻게 오셨어요?"

"어떻게 오긴 어떻게 와. 버스 타고 왔지. 난 가사 도우미만 50년을 했어. 이 분야에서 완전 프로지. 그렇다고 남들보다 돈을 더 받진 않아. 내 특기는 요리, 취미는 청소야. 난 이렇게 지저분한 꼴 못 봐."

할머니가 부엌으로 갔다.

"아이구, 이게 뭐야? 설거지 거리가 산더미네."

할머니는 고무장갑을 끼더니 싱크대에 쌓여 있는 그릇들을 설거지하기 시작했다.

막 잠에서 깨서 정신이 없는 엄마가 당황한 얼굴로 말했다.

"그건 그냥 놔두세요. 그러지 말고 이리 오셔서 저랑 얘기 좀 해요."

"조금만 기다려. 금방 다 할 테니까."

할머니는 정말 순식간에 그 많은 설거지를 후딱 해치웠다. 부엌도 어느새 깨끗해졌다.

엄마는 차를 두 잔 끓여 왔다.

"차 한 잔 하세요."

할머니는 뜨거운 차를 숭늉 마시듯 꿀꺽꿀꺽 마셔 버렸다.

엄마는 할머니가 마음에 든 눈치였다. 말로는 하지 말라고 말렸지만 사실 할머니가 설거지를 할 때부터 좋아서 어쩔 줄 모르는 표정이었다.

엄마가 말했다.

"우리 집에서 일하실 수 있으세요?"

"당연히 해야지. 난 이렇게 지저분한 집이 좋아. 할 일이 많거든."

우리 집이 그렇게 지저분한가? 민지는 집 안을 둘러보았다. 이 정도면 괜찮은 거 같은데?

엄마가 조심스럽게 물었다.

"생각하신 조건이 있으시면 말씀해 주세요."

할머니가 단번에 대답했다.

"아까도 말했지만 돈도 더 줄 필요 없어. 단, 내 일에 간섭하지 말아 줘. 난 누가 내 일에 간섭하는 건 딱 질색이거든."

잠시 고민하던 엄마가 흔쾌히 고개를 끄덕이며 말했다.

"좋아요. 그 대신 신경 안 쓰이게 정말 잘해 주셔야 해요."

"걱정 붙들어 매."

그렇게 해서 그 이상한 할머니는 민지네 집에서 일하게 됐다.

깨끗하면 불안해

"일어나. 학교 가야지."
할머니 목소리가 집 안 가득 쩌렁쩌렁 울렸다.
민지는 평소답지 않게 벌떡 일어났다. 아침이면 예민해지는 엄마 목소리와 달리 우렁찬 할머니 목소리를 들으니 잠이 싹 달아났다.
민지는 눈을 비비며 거실로 나갔다.
식탁에 앉아 있던 엄마가 민지를 보고 말했다.

"우리 딸, 지금 일어났구나. 좋은 아침!"

민지는 식탁을 보고 깜짝 놀랐다. 명절날보다 더 푸짐한 음식이 차려져 있었고, 엄마는 세상에서 가장 행복한 얼굴로 식사를 하고 있었다. 평소 아침을 먹지 않던 아빠도 오늘은 아침을 먹고 있었다.

민지도 세수를 하고 식탁 앞에 앉았다.

할머니가 만든 반찬은 다 맛있었다. 특히 민지가 좋아하는 계란말이에는 치즈까지 넣어서 더 맛있었다.

첫날이지만 식구들 모두 할머니를 마음에 들어 했다.

"내 체육복 어디 있지?"

방에 들어와 아무리 찾아도 체육복이 없었다. 아침마다 민지 방에서는 늘 '준비물 분실 사건'이 일어난다. 민지 방에 있는 물건들은 제자리에 있었던 적이 없다. 밤마다 자기네들끼리 대이동을 하는지 항상 뒤죽박죽이다.

할머니가 민지 방으로 들어왔다.

"뭐 찾아?"

"체육복이 없어졌어요."

"무슨 색인데?"

"노란색이요."

할머니는 방 안을 한 번 쓰윽 훑어보더니 곧장 바닥에 납작

엎드려 침대 밑을 살폈다. 침대 밑을 보던 할머니가 얼굴을 찡그렸다.

"어휴, 더러워."

할머니는 침대 밑으로 손을 뻗더니 뭔가를 끄집어냈다. 그건 바로 먼지 더미 속에 있던 체육복이었다.

"어, 왜 거기 있지?"

"할 수 없이 오늘 하루만 더 입어. 빤 지 일 년은 된 것 같다."

할머니는 땀과 먼지로 범벅이 된 체육복을 민지 가방 속에 넣어 주었다.

어쨌든 민지는 할머니 덕분에 체육복을 찾아 기분이 좋았다. 체육 시간에 다른 애들에 비해 더러운 체육복 때문에 좀 창피하기는 하겠지만 말이다.

학교가 끝나고 집에 도착한 민지는 또다시 깜짝 놀랐다. 온 집 안이 뒤죽박죽되어 있었다. 신문지, 액자, 꽃병, 장식장의 장식품들을 비롯한 온갖 물건들이 거실에 가득 쌓여 있었다. 그 한가운데서 할머니

가 민지를 보더니 아는 척을 했다.

"이제 오냐? 잠깐만 기다려. 간식 만들어 줄게."

할머니는 빠른 손놀림으로 거실에 있는 물건들을 정리하기 시작했다. 여기저기 흩어져 있는 신문지들은 모아서 차곡차곡 쌓았고, 장식장 안에 쌓여 있는 먼지들은 닦아 낸 뒤, 물건들을 크기 순서대로 넣었다. 여러 개의 리모컨은 모아서 탁자 위 통에 가지런히 넣어 두었다.

삐뚤게 걸려 있는 그림을 바르게 걸고, 소파 아래와 장식장 뒤에 쑤셔 박혀 있던 수건과 양말들, 옷가지들도 모두 빼냈다.

할머니 손이 움직일 때마다 신기하게도 거실이 점점 깨끗해졌다. 마치 할머니가 "깨끗해져라, 얍!" 하고 주문을 걸기라도 한 것 같았다. 요술을 부린 것처럼 바닥에서도, 가구에서도, 거

울과 유리에서도 반짝반짝 윤이 났다.

거실 청소를 다 끝낸 할머니는 곧장 부엌으로 갔다.

"오늘은 할미 특기인 김치 부침개를 만들어 줄까?"

민지가 대답도 하기 전에 할머니는 이미 김치를 숭숭 썰고 있었다.

할머니의 요술은 부엌에서도 계속되었다. 할머니는 순식간에 김치 부침개를 부쳐 냈지만 부엌은 전혀 어질러지지 않았다.

엄마는 라면 하나를 끓일 때도 부엌을 잔뜩 어질러 놓는다. 김치 부침개라도 하는 날이면 부엌은 온통 밀가루 천지가 됐다. 아무리 생각해도 엄마는 살림을 정말 못한다.

할머니가 만들어 준 김치 부침개는 정말 맛있었다. 엄마가 만든 건 맵고 짜고 느끼한데, 할머니가 만든 건 간도 적당하고 고소했다.

김치 부침개를 다 먹고 났을 때 할머니가 말했다.

"다음은 네 방 차례다."

민지는 놀라서 다급히 말했다.

"안 돼요! 내 방은 내가 치울게요. 그냥 두세요."

민지는 누가 자기 물건에 손대는 게 싫었다. 그건 엄마도 마찬가지인데, 민지는 그런 엄마를 쏙 빼닮았다.

할머니가 민지 얼굴을 빤히 보며 말했다.

"너 아침마다 물건 찾지?"

할머니 말이 맞다. 아침마다 교과서, 공책, 연필, 신발주머니, 스케치북, 물감 찾느라 지각할 때가 한두 번이 아니었다.

"맞아요, 할머니. 내 방에 물건 잡아먹는 도깨비가 사나 봐요. 늘 물건들이 없어져요."

"정리를 제대로 안 하니까 그렇지. 따라와. 내가 정리 정돈하는 법 가르쳐 줄게."

"그래도 싫은데……."

민지 말이 끝나기도 전에 할머니는 어느새 민지 방에 들어가 있었다.

"어휴, 내가 오십 년 동안 남의 집 일을 했지만 이렇게 지저분한 방은 처음 본다."

할머니가 한숨을 푹푹 내쉬었다.

"제 방이 많이 지저분한 거예요?"

민지의 물음에 할머니는 혀를 끌끌 찼다.

"전문가의 눈으로 봤을 때 이건 정말 심각한 수준이야. 어떻게 넌 지저분한 줄도 모르냐?"

민지는 슬슬 화가 났다. 방에 허락 없이 들어온 것도 기분 나쁜데, 지저분한 것 좀 모른다고 무시하는 것 같아서 은근 부아가 치밀었다.

"치, 정리하면 뭐해요? 금세 또 어질러질 텐데."

"아무래도 안 되겠다. 너 나한테 교육 좀 받아야겠어."

"싫어요. 엄마도 아무 말 안 한단 말이에요."

"그럼 너희 엄마부터 교육시켜야겠다."

"할머니가 엄마를 몰라서 그러시는데요, 엄만 절대로 교육 안 받을 거예요."

"왜?"

"엄마는 자존심도 세고, 고집도 세고, 또 엄청 게으르거든요."

"그건 나한테 맡기고, 일단 네 방이나 치우자."

할머니는 민지 방을 치우기 시작했다.

책장 틈에 처박혀 있는 종이들, 책상 밑에 굴러다니는 양말들, 벗어서 아무렇게나 던져 놓은 옷들, 침대 밑에서 끄집어낸 물건들로 방 안이 가득했다.

착, 착, 착!

할머니는 또 요술을 부리듯 물건들을 정리하기 시작했다. 커다란 쓰레기봉투를 가져와 안 쓰는 물건들은 버렸고, 쓸 만한 물건들은 제자리를 찾아 넣었다.

그렇게 정리하는 데 한 시간도 안 걸렸다.

세상에 이럴 수가!

민지 방이 전혀 다른 방이 되어 버렸다. 한 번도 이렇게 깨끗한 방을 가져 본 적이 없었는데 진짜 신기했다.

"어때? 깨끗하니까 좋지?"

좋긴 좋다. 하지만 왠지 불안하다. 엄마도 그랬다. 깨끗하면 왠지 불안하다고.

민지는 마지못해 대답했다.

"뭐, 좀 좋네요."

오랜만에 일찍 퇴근한 엄마가 방에 들어가자마자 다급하게 할머니를 불렀다.

"할머니! 할머니!"

부엌에서 저녁 준비를 하던 할머니가 안방으로 들어갔다.

"바쁜데 왜 불러?"

엄마가 화가 난 얼굴로 소리쳤다.

"내 방이 왜 이래요?"

민지는 엄마 방을 들여다보고 깜짝 놀랐다.

사실 민지네 집에서 가장 지저분한 곳이 엄마 방이다. 엄마는 절대로 치울 줄을 모른다. 항상 방 한쪽에는 벗어 놓은 옷이 민지 키만큼 쌓여 있고, 화장대 위에는 화장품뿐만 아니라 빗자루, 가방, 쓰레기통 같은 물건들이 잔뜩 늘어져 있었다. 방바닥에는 벗어 던진 스타킹과 휴지들, 다 쓴 화장품 통이 굴러다녔다.

옷장은 더 끔찍했다. 장롱에는 온갖 옷들과 이불들이 아무렇게나 처박혀 있어서 문을 열면 안에 있던 것들이 와르르 쏟아져 내렸다.

그런 엄마 방이 어디로 사라지고 지금은 모델하우스처럼 깨끗한 방으로 변신해 있었다.

할머니가 젖은 손을 옷에 쓱쓱 문질러 닦으며 대답했다.

"보면 몰라? 청소했잖아."

하지만 엄마는 좋아하기는커녕 화가 잔뜩 난 얼굴로 말했다.

"청소만 하시지, 제 물건들 위치는 왜 맘대로 바꾸셨어요?"

할머니는 황당한 표정으로 말했다.

"이렇게 정리가 돼야 물건을 찾기가 쉽지."

"드라이기 어딨어요? 빗은요? 장신구 통도 없어졌고, 머리핀들은 다 어디로 간 거예요?"

"서랍 열어 봐. 차곡차곡 잘 넣어 뒀어."

"난 누가 내 물건 건드리는 거 싫단 말이에요."

"그럼 정리를 잘 하든가. 그게 뭐야. 방이 아니라 돼지우리잖아."

"돼지우리든 토끼우리든 제 방이라고요!"

엄마와 할머니 사이에 당장이라도 싸움이 날 것처럼 분위기가 험악해졌다.

민지는 중간에 서서 엄마와 할머니 눈치만 보았다.

　엄마는 화가 났지만, 꾹꾹 눌러 참는 것 같았다.
　"알았어요. 알았으니까 이제부터 제 방 물건 만지지 마세요. 아셨죠?"
　오늘은 엄마가 졌다.
　할머니는 아무 대답도 하지 않았다. 하지만 돌아서면서 중얼거리는 소리를 민지는 똑똑히 들었다.

할머니 승! 33

"참 내, 이 집 식구들은 왜 정리를 해 줘도 싫다고 하는지 모르겠네."

다음날 아침, 부엌에 들어간 엄마가 또 잔뜩 못마땅한 얼굴로 말했다.

"할머니, 수납장에 있는 그릇을 왜 죄다 바꿔 놨어요?"

할머니가 대답했다.

"바꿔 놓은 게 아니라 제대로 놓은 거지. 아무렇게나 뒤죽박죽 들어 있었잖아."

"그건 뒤죽박죽이 아니라 제 방식대로 넣어 둔 거라고요."

"민지 엄마 방식이 뭔지 모르겠지만 정신 사나워서 난 그런 꼴 못 봐."

엄마는 어이없다는 눈빛으로 할머니를 보았다.

엄마와 할머니 사이에 불꽃이 파바박 튀는 것 같았다.

"못 보면요?"

할머니가 당당하게 대답했다.
"내가 나가야지."
민지는 덜컥 겁이 났다. 솔직히 민지는 할머니가 좋았다. 민지가 학교에 갔다 오면 할머니는 늘 간식을 만들어 준다. 아무도 없는 썰렁한 집에 들어올 때보다 할머니가 간식을 만들어 놓고 기다리고 있는 집이 더 좋았다.

엄마가 약간 겁먹은 표정으로 말했다.

"아유, 할머니. 왜 그러세요? 그렇다고 나가신다고 하면 어떡해요?"

"전에도 말했지만 난 내 일에 간섭하는 거 딱 질색이야."

"알았어요, 알았다고요. 그러니까 나간다는 말씀은 하지 마세요. 아셨죠?"

그렇게 말해 놓고도 엄마는 좀 찜찜한 표정이었다.

할머니가 의기양양한 표정으로 말했다.

"말이 나왔으니 말인데, 이 집 식구들 정말 이상한 거 알아?"

"뭐가 이상해요?"

"아무도 정리할 생각을 안 해. 물건들이 제자리에 있는 게 없어. 온통 뒤죽박죽이라고."

엄마가 눈을 동그랗게 뜨고 물었다.

"그렇게 반듯하게 정리되어 있으면 불편하잖아요? 물건도 함부로 만지면 안 될 거 같고. 또 어차피 곧 어질러질 텐데 굳이 정리할 필요가 있나요?"

할머니는 놀란 얼굴로 엄마를 보았다.

엄마는 치우는 걸 끔찍이 싫어한다. 심지어 집 안이 반듯하게 정리가 잘 되어 있고, 깨끗하면 뭔가 불안하다고 한다. 그건 민지도 마찬가지다. 민지도 깨끗한 것보다는 어질러져 있는 쪽이 훨씬 더 마음 편하다.

할머니가 어이없다는 표정으로 말했다.

"정리되어 있으면 불편하다고?"

"네, 불편해요."

"쯧쯧. 그러니까 민지까지 저 모양이지."

엄마가 민지를 힐끔 보았다. 생긴 것도 민지는 엄마 붕어빵이다. 접시처럼 동그란 얼굴에 작고 가는 눈, 짧은 손가락까지 닮았다. 다른 건 몰라도 작고 가는 눈은 좀 안 닮았으면 좋겠는데 말이다.

엄마가 톡 쏘듯이 물었다.

"민지가 왜요?"

할머니가 말했다.

"애가 자기 책가방도 제대로 쌀 줄을 모르잖아."
엄마가 갑자기 시계를 보더니 호들갑을 떨었다.
"어머, 내 정신 좀 봐. 출근 시간 늦겠네."
그러고는 서둘러 나가 버렸다.
오늘도 역시 할머니 승!

할머니 승!!

집 찾기 놀이

알고 보니 할머니는 잔소리쟁이였다.

엄마가 스타킹을 벗어서 소파에 척 걸쳐 놓으면 어김없이 나오는 잔소리,

"어휴, 뱀 허물 같아. 징그러."

아빠가 신문을 읽고 소파 밑으로 쓰윽 밀어 넣으면,

"안 보이는 데 쑤셔 박아 둔다고 누가 모를 줄 알아?"

민지가 과자를 먹고 나서 봉지를 아무 데나 버리면,

"이 집이 쓰레기통이냐?"

하고 잔소리를 해 댔다.

아빠는 할머니가 잔소리를 하면 재빨리 신문을 소파 밑에서 꺼내 신문지 모아 놓는 곳에 두었고, 민지는 할머니 잔소리가 시작되기 전에 빈 과자 봉지를 쓰레기통 속에 넣었다. 하지만 엄마는 아예 들은 척도 하지 않았다.

할머니 덕분에 민지네 집은 깨끗해졌다. 단, 엄마 방만 빼고. 특히 민지 방은 놀랄 정도로 깨끗해졌다. 어지르기만 하는 민지의 나쁜 습관이 정리 정돈 잘하는 좋은 습관으로 바뀌었기 때문이다. 그건 다 할머니와의 놀이 덕분이었다.

할머니는 놀이 만들어 내는 데 선수였다.

어느 날 민지가 학교에서 돌아오자 할머니가 말했다.

"우리 놀이할까?"

"무슨 놀이요?"

"나란히 나란히 놀이."

"그게 뭔데요?"

할머니는 노래를 불렀다.

'나란히, 나란히, 나란히.

댓돌 위에 신발들이

나란히, 나란히, 나란히.'

할머니는 민지가 아무렇게나 벗어 놓은 신발을 나란히 모아, 신고 나가기 편한 방향으로 놓았다. 현관을 보니 다른 신발들도 모두 나란히 놓여 있었다. 나란히 놓여 있는 신발들은 썩 보기 좋았다.

'깊은 산 속 옹달샘' 놀이는 '나란히 나란히' 놀이 다음에 하는 놀이다. 세면대에 물을 받아 놓고 손을 씻으며 '깊은 산 속 옹달샘 누가 와서 먹나요?' 하고 민지가 노래를 부르면 할머니가 '새벽에 토끼가 눈 비비고 일어나, 세수하러 왔다가 물만 먹고 가지요.' 하고 노래를 부른다.

할머니는 동요를 아주 많이 알고 있었다.

'두껍아, 두껍아, 헌 집 줄게. 새 집 다오.'는 '집 찾아 주기' 놀이를 할 때 부르는 노래다. 이 놀이를 하기 전에 해야 할 일이

나란히, 나란히, 나란히~♪

댓돌 위에
신발들이 나란히~

있다. 먼저 물건들의 집을 만들어 주는 거다.

양말들은 서랍 맨 위 칸에, 책가방은 책상 옆 빈 공간에, 학용품은 각자 서랍에, 책들은 책꽂이에 집을 만들어 준다.

할머니는 양말들을 서랍 맨 위 칸에 넣으며 말했다.

"너희들은 이제부터 여기가 집이야. 절대 집 말고 다른 데 있으면 안 된다."

민지는 할머니

세수하러 왔다가 물만 먹고 가지요~

♪두껍아, 두껍아, 두껍아~ ♪

헌 집 줄게,
새 집 다오!

를 따라 속옷들을 두 번째 칸에 넣으며 말했다.

"여기는 이제부터 너희들 집이다. 얌전히 있어."

할머니가 그런 민지를 보며 씨익 웃었다.

이렇게 집 찾기 놀이를 하다 보니 방이 깨끗해졌다.

집 찾기 놀이가 끝난 뒤, 할머니는 맛있는 맛탕을 만들어 주었다. 달콤하면서도 고소한 맛탕은 입 안에서 살살 녹았다.

민지가 말했다.

"집 찾기 놀이를 하고 났더니 내 방이 깨끗해져서 좋아요."

할머니가 웃으며 말했다.

"그렇지? 이 세상에 있는 모든 것들은 다 집이 있어. 별들은 하늘이 집이고, 날아다니는 새들은 나무가 집이지. 두더지들은 땅속에 집이 있고. 바람이 여기저기서 불어오는 것도 다 자기 집을 찾아가기 위해서지."

"할머니 집은 어딨어요?"

"여기가 내 집이지."

"여기 말고 진짜 집이요."

"진짜 집 없다."

"왜요?"

"내가 열여덟에 혼인했는데, 그해 전쟁이 나 버렸어. 그때 남편이 전쟁에 끌려가 죽고, 그 뒤부터 난 쭉 남의 집에서 식모살이했거든."

민지는 가족도 없고, 집도 없는 할머니가 너무 가여웠다.

"할머니, 우리랑 평생 같이 살아요."

하지만 할머니는 쓸쓸하게 웃었다.

"그럴 수 있으려나 모르겠다."

민지는 할머니가 꼭 진짜 친할머니 같았다. 그래서 영원히 할머니랑 함께 살았으면 좋겠다고 생각했다.

집이 깨끗해지고, 반찬도 맛있고, 정리 정돈도 잘되어 가는데 엄마는 점점 짜증이 늘어 갔다.

퇴근해서 돌아온 엄마가 또 불처럼 화를 냈다.

"할머니, 제 물건에는 손대지 마시라고 분명히 말했죠?"

할머니가 영문을 모르겠다는 표정으로 물었다.

"나 민지 엄마 물건에 손 안 댔어."

"그럼 화장대 위에 있던 내 파자마 어디 갔어요?"

"아, 그건 빨았는데?"

엄마는 줄무늬 파자마를 좋아해서 집에 오면 그것만 입는다. 그럴 때는 꼭 어린애 같다.

"한 번 더 입고 빨려고 했는데 벌써 빨면 어떡해요?"

"말이 나왔으니 말인데, 민지 엄마."

"왜요?"

"방이 갈수록 지저분해지고 있는 거 알아? 물건들을 싹 정리

한 뒤 쓸고 닦아 내야 깨끗하게 청소가 되는데, 물건들은 만지지도 못하게 하니, 방이 청소를 해도 한 거 같지가 않다고."

엄마가 픽 토라진 얼굴로 말했다.

"그래도 상관하지 마시라고 했잖아요."

"민지 방 가 봤어? 어린애한테 창피하지도 않아?"

엄마가 민지 방을 힐끔 보았다. 열린 방문 사이로 깔끔하게 정리된 방 안이 들여다보였다. 엄마는 못 본 척 시치미를 떼더니 대뜸 말했다.

"어쨌든 제 방에는 이제 들어오지 마세요. 아셨죠?"

할머니가 당당한 표정으로 말했다.

"내가 오십 년 동안 남의 집에서 일했는데 민지 엄마 같은 사람은 처음이야."

"제가 어때서요?"

"내가 이 집에 처음 왔을 때 민지 꼴이 어땠는지 알아? 자기 손으로 책상 정리할 줄도 몰랐어. 그게 다 민지 엄마 탓인 거 몰라?"

엄마는 금방이라도 폭발할 것 같은 얼굴이었다.

"할머니!"

"애를 제대로 가르치려면 엄마가 먼저 솔선수범해야지. 방 안은 돼지우리 같고, 자기가 마신 컵도 아무 데나 놔두고, 옷도 벗어서 여기저기 뱀 허물 벗듯 벗어 놓고, 청소도 안 하고, 정리도 안 하고. 도대체 집에 와서 하는 게 뭐야?"

"제가 밖에서 얼마나 피곤하게 일하는지 아세요?"

엄마는 집에 오면 늘 피곤해한다. 민지는 태어나서 엄마의 활기찬 모습을 거의 보지 못했다. 늘 회사 일이 너무 힘들어서 죽을 거 같다고 했다. 그래서 집에 오면 손가락 하나 까딱하기 싫어했다.

"암, 알지. 그러니까 집이 편안해야 하는 거잖아. 깨끗하게 잘 치워진 집에서 푹 쉬면 좀 좋아? 그리고 치워 준다고 해도 오히려 화를 내니 도대체 나더러 어떡하란 말이야?"

잠자코 듣고 있던 엄마가 더 이상은 못 듣겠다는 듯 버럭 소리를 질렀다.

"도저히 못 참겠어요. 할머니 잔소리는 이제 지긋지긋해요. 사사건건 간섭하실 거면 그만 나가 주세요."

할머니가 충격을 받은 듯 멍하니 엄마를 보았다. 민지 역시 할머니 못지않게 충격을 받았다.

'그럴 수는 없어. 할머니를 내보내다니, 안 돼.'

"싫어. 할머니 내보내지 마!"

민지는 엄마한테 큰 소리로 말

했다. 엄마가 민지를 노려보았다.

"넌 어른들 일에 끼지 말고, 네 방에 들어가 있어."

'툭하면 어른들 일이래. 나도 이 집 식구니까 결정권이 있는데.'

민지는 속으로 투덜거렸다.

나가주세요!

하지만 겉으로는 순한 양이 되어야만 했다. 엄마는 화가 나면 물불을 안 가리기 때문에 이럴 때는 얌전히 있는 편이 나았다.

할머니가 물었다.

"그 말 진심이야?"

엄마가 말했다.

"네, 월급은 이번 달 남은 날까지 계산해서 드릴게요."

"그럴 필요 없어. 딱 오늘까지만 계산해서 줘."

할머니 목소리 역시 차가웠다. 민지는 방에서 밖을 훔쳐보다가 속상해서 눈물이 찔끔 나왔다.

'엄마 미워. 할머니가 얼마나 좋은데. 이제 다신 엄마하고 말 안 해.'

민지는 이불 속에 들어가 펑펑 울었다.

그날 저녁, 할머니는 민지네 집에 처음 올 때 가지고 왔던 커다란 가방을 들고 떠났다. 민지는 할머니를 붙잡고 가지 말라고 매달리고 싶었다. 하지만 엄마가 방에서 한 발짝도 나오지 말라고 명령했기 때문에 할머니가 가는 것도 볼 수 없었다.

할머니는 민지 방 문 앞에서 작별 인사를 했다.

"민지야, 할머니 간다. 매일매일 놀이하는 거 잊지 말고, 물건들한테 자기 집 찾아 주는 거 잊으면 안 된다."

민지는 우느라 할머니 말을 제대로 듣지도 못했다.

할머니가 가고 나자 집 안이 텅 빈 것 같았다. 엄마도 기분이 우울한지 문을 닫고 들어가 방에서 나오지 않았다.

엄마의 고백

아침부터 라면이다. 그것도 국물이 한강처럼 많아서 헤엄쳐도 될 것 같았다.

엄마는 그것도 요리라고 앞치마까지 두르고 아침부터 떠들썩했다.

"자, 어서들 먹어. 오늘은 특별식으로 준비했으니까."

민지는 속으로 투덜거렸다.

'라면이 특별식이라고? 맞아. 특별식이긴 해. 아침에 라면 먹는 집은 대한민국에서 우리 집밖에 없을 테니까.'

아빠는 젓가락으로 면을 건져 올려 이걸 먹어야 하나 말아야 하나, 하는 표정으로 들여다보았다. 민지는 할머니 생각이 났다. 할머니가 차려 주는 아침은 밥 한 그릇을 뚝딱 해치울 정도로 맛있었다. 아빠도 할머니 생각을 하고 있었나 보다.

아빠가 엄마 눈치를 살피며 조심스럽게 입을 열었다.

"할머니가 해 준 밥 먹고 싶다."

민지도 아빠를 보며 맞장구를 쳤다.

"나도."

엄마는 못 들은 척하며 라면 국물만 후루룩 마셨다. 하지만 엄마도 라면이 썩 맛있는 표정은 아니었다. 할머니가 차려 준 푸짐한 아침 식탁 앞에서 보이던 행복한 표정과는 영 달랐다.

아빠가 다시 한 번 슬쩍 물었다.

"당신, 왜 그렇게 도우미 할머니를 싫어했어?"

엄마가 딱딱한 목소리로 말했다.

"할머니 얘긴 그만해."

아빠가 어질러져 있는 거실을 둘러보았다. 마룻바닥에는 옷

가지와 걸레, 신문지, 택배 박스 같은 것들이 여기저기 널려 있었다. 부엌에는 설거지 거리가 쌓여 있었고, 냉장고는 텅 비어서 먹을 게 없었다.

아빠는 계속 말했다.

"할머니가 계실 때는 집에 오면 늘 마음이 안정되고 편안했어. 왜 그랬는지 이제 그 이유를 알겠어."

엄마가 '왜?'라고 묻는 것처럼 아빠를 보았다.

민지가 대뜸 말했다.

"왜 그런지 알아요."

아빠가 민지를 보고 물었다.

"왜 그런데?"

"난 이제 정리 정돈하는 게 습관이 됐어요. 전에는 내 방에 들어가면 정신이 없었는데, 이제 방이 깨끗하니까 마음도 차분해져서 공부도 더 열심히 하게 됐어요. 집 안이 깨끗하면 마음도 깨끗해지는 거 같아요."

민지는 엄마 눈치를 슬쩍 보았다. 엄마는 아무것도 안 들리

는 것처럼 멀건 라면 국물만 숟가락으로 떠먹었다.

　민지 말은 사실이었다. 모든 물건이 제자리에 정돈이 되어 있고, 조용하고 깨끗한 방에 있으니까 책도 더 많이 읽고 싶어졌고, 집중도 잘됐다. 자연히 공부도 더 잘됐다.

아빠가 말했다.

"맞아, 바로 그거야. 그래서 난 결심했어."

엄마가 고개를 번쩍 들고 아빠를 보았다. 민지도 아빠가 무슨 얘기를 하려는지 귀를 쫑긋 세웠다.

"이제부터 거실은 내가 청소할 거야. 화장실 청소도 내가 할 거고. 나머지는 두 사람이 알아서 해."

"와!"

민지가 놀라서 비명을 질렀다.

"나 태어나서 아빠가 청소한다는 말 처음 들어요."

아빠가 어깨를 으쓱해 보이며 말했다.

"엄마랑 아빠랑 똑같이 회사 다니는데 그동안 집안일은 나 몰라라 했어. 이제 도우미 할머니도 안 계시니까 아빠도 집안

일을 엄마랑 똑같이 나눠서 해야지. 안 그래?"

민지가 말했다.

"전 현관 신발 담당할게요. 계속 신발 정리는 하고 있었지만."

아빠가 놀란 얼굴로 말했다.

"아, 맞다. 어쩐지 우리 집 현관이 깨끗해졌다 했더니, 바로 우리 공주님 덕분이었구나."

그때 엄마가 갑자기 날카로운 목소리로 말했다.

"다들 언제까지 이러고 있을 거야. 출근 안 해? 학교 안 가?"

그제야 아빠는 시계를 보더니 놀라서 후다닥 일어났다.

민지는 할머니가 보고 싶을 때마다 할머니가 가르쳐 준 놀이를 했다. 현관에 아무렇게나 벗어던져진 신발들은 항상 민지가 가지런히 정리했다. 화장실을 쓰고 깨끗이 물기를 닦

는 것도 할머니한테 배운 거였다. 물을 마신 컵을 씻어서 올려놓는 것도 할머니를 따라 했다.

학교에서 돌아오면 책가방을 제자리에 놓고, 옷도 벗어서 옷걸이에 걸고, 양말은 벗어서 빨래 통에 넣는 것도 이제 습관이 되어 저절로 그렇게 되었다.

할머니가 그랬다.

"방을 치우기 싫으면 안 어지르면 돼. 처음에는 힘들겠지만, 습관이 되면 오히려 편할 거야."

할머니 말은 맞는 것도 있고, 틀린 것도 있었다. 정리하는 습관 붙이는 건 할머니와의 놀이 덕분에 별로 힘들지 않았다. 습관이 되고 나니 정말로 더 편한 건 할머니 말이 맞았다.

엄마는 매일매일 뭔가를 찾는 게 일이다.

"민지야, 리모컨 못 봤니?"

"내 검정색 가방이 어디로 숨었지?"

"분명히 옷 벗어서 소파에 뒀는데?"

그때마다 민지가 엄마 물건을 찾아 주었다. 엄마는 불안하고 초조해 보였다. 신경질도 늘고 집에만 오면 안절부절못했다.

민지는 심각한 표정으로 엄마에게 물었다.

"엄마, 도우미 할머니를 왜 그렇게 싫어했어요?"

엄마가 풀 죽은 얼굴로 말했다.

"싫어한 건 아냐."

"그런데 왜 할머니 내보냈어요?"

엄마 표정이 어두워졌다.

"도우미 할머니는 우리 엄마를 생각나게 했어. 그게 싫었던 거야."

외할머니는 민지가 어렸을 때 돌아가셔서 민지는 얼굴도 잘 기억나지 않았다.

"왜요?"

엄마는 곰곰이 뭔가를 생각하더니 민지 얼굴을 유심히 들여다보고 말했다.

"외할머니는 정말 깔끔했어. 아마 전 세계에서 외할머니만큼 깔끔한 사람도 없었을걸? 방바닥에 머리카락 한 올만 떨어져 있어도 집어냈고, 집 안은 먼지 하나 없었어. 문손잡이도 하루에 몇 번이나 닦았고, 빨래는 늘 푹푹 삶았지. 어질러져 있는 걸 절대 보지 못했어. 모든 물건에 번호를 매겨 놓은 듯 1번부터 100번까지 다 제자리에 있지 않으면 혼이 났지.

난 집에 있으면 숨이 막혔어. 외할머니가 날 따라다니면서 매일 잔소리를 해 댔거든. 옷은 벗어서 얌전히 개어 두렴. 먼지 나니까 뛰어다니지 마라. 공부하고 나면 책은 책꽂이에 꽂아 놓고, 책상은 깨끗이 치워라. 화장실에 머리카락 좀 흘리지 마라. 세수할 때 물 튀기지 말고, 수건은 항상 반듯하게 걸어 두렴.

난 내 나름대로 깔끔하게 한다고 하는데도, 잔소리는 끊이지 않았지. 그래서 나중에 결혼하면 절대 외할머니처럼 하지 않겠

다고 맹세했어. 자식한테도 절대 집안일로 잔소리하지 않겠다고 결심했지."

어느새 엄마 눈에 눈물이 맺혔다. 민지 뺨에도 눈물이 주르륵 흘러내렸다.

엄마는 창피한지 재빨리 눈물을 닦고 빙긋 웃었다.

"도우미 할머니가 오셔서 잔소리하니까 외할머니 생각이 나서 괴로웠어."

민지도 눈물을 닦고 나서 말했다.

"그래도 도우미 할머니는 외할머니만큼 심하진 않았잖아요."

엄마가 고개를 끄덕였다.

"맞아. 심한 건 나였지."

민지는 왠지 모르게 엄마한테 미안했다.

"난 그런 줄도 모르고 할머니를 내쫓은 엄마를 원망했어요."

엄마가 민지 손을 꼭 잡았다.

"그랬니? 할머니가 나가고 나니까 내가 얼마나 한심하게 살았는지 알게 됐어. 외할머니도 나쁜 뜻에서 잔소리한 게 아닌데, 철없이 지겹다고만 생각했으니."

엄마는 한숨을 푹 내쉬더니 안방을 둘러보았다.

"이게 뭐니? 할머니 말처럼 돼지우리가 따로 없잖아."

민지는 자기도 모르게 고개를 끄덕였다.

"맞아요. 내가 봐도 지저분하긴 해요."

엄마가 민지를 살짝 흘겨보았다.

"너 지금 누구 편이야?"

민지가 쑥스럽게 웃으며 말했다.
"영원히 엄마 편이죠. 엄마 사랑해요."
엄마가 양 팔을 벌렸다. 민지는 엄마 품에 쏙 안겼다.

민지는 못 말려

일요일 아침에 기적이 일어났다.

일요일이면 늘 늦잠을 자던 엄마가 아침 일찍 일어난 거다. 엄마는 식구들을 깨워 마루에 모이게 했다. 그리고 중대 선언을 했다.

"오늘 대청소할 거야!"

아빠가 잠에서 덜 깬 얼굴로 믿을 수 없다는 듯 엄마를 보았다.

"지금 잠꼬대해?"

엄마가 고개를 저으며 말했다.

"전에는 몰랐는데 이제 도저히 못 보겠어."

아빠가 그제야 고개를 끄덕였다.

"이제 알겠지?"

엄마가 수줍은 표정으로 고개를 끄덕였다.

아빠가 밝은 얼굴로 말했다.

"좋아. 우리 셋이 힘을 합치면 우리 집도 금세 깨끗해질 거야."

그런데 엄마 얼굴이 다시 어두워졌다. 아빠와 민지가 궁금해하는 눈빛으로 엄마를 보았다. 엄마가 수줍은 표정으로 고백하듯 말했다.

"근데 나 솔직히 청소 어떻게 해야 할지 모르겠어."

민지가 활짝 웃으며 말했다.

"그건 내가 알아요. 할머니한테 배웠거든요. 내가 도와줄게요."

"어머, 정말? 그래 줄래?"

민지가 고개를 끄덕였다. 아빠가 장난기 가득한 얼굴로 말했다.

"어른도 애한테 배울 건 배워야지, 암. 민지야, 아빠도 좀 도와줄래?"

민지는 어깨가 으쓱해졌다. 이 모습을 할머니가 보면 얼마나 좋아할까?

집 안 대청소가 시작되었다. 민지는 할머니가 했던 대로 쓰레기봉투를 들고 엄마 방으로 들어갔다.

"자, 이제부터 모든 물건들한테 집 찾아 주기 놀이를 할 거예요. 준비됐어요?"

"오케이! 시작하시죠, 선생님."

민지는 어느새 할머니 말을 따라 하고 있었다.

"청소도 중요하지만 더 중요한 건 모든 물건을 제자리에 놓는 습관이에요. 습관은 한번 몸에 배면 나중에는 정말 편리해요."

엄마가 고개를 끄덕였다.

"맞아. 이제부터 나도 너처럼 정리 정돈하는 습관을 길러야겠어."

"엄마는 어른이니까 나보다 더 빨리 습관을 기를 수 있을 거예요."

"어이구, 칭찬을 들으니까 더 기운이 나네요. 선생님, 어서 계속 가르쳐 주시죠."

할머니는 혼자서도 착, 착, 착 하던 집안일을 세 식구는 오전 내내 했다.

청소를 끝내자 집은 다시 할머니가 있었던 때처럼 깨끗해졌다. 모든 물건들이 제자리를 찾았고, 온 집에서 반짝반짝 윤이 났다.

아빠가 흡족한 표정으로 집 안을 둘러보며 말했다.

"우리, 할머니 다시 모셔 올까?"

민지는 가슴이 두근거렸다.

엄마 표정이 어두워졌다.

"할머니가 선뜻 다시 오시려고 할까? 내가 그렇게 못되게 굴

었는데…….”

아빠가 말했다.

"아니야. 달라진 우리 집을 보면 좋아하실 거야. 혹시 알아? 다시 오신다고 할지.”

엄마가 잠시 고민을 하더니 말했다.

"사실은 나도 할머니한테 다시 와 달라고 부탁하고 싶었어.”

아빠가 활짝 웃으며 말했다.

"여보, 빨리 할머니한테 전화해.”

그때였다. 민지가 뭔가 할 말이 있는 것처럼 아빠 엄마 앞에서 몸을 비비 꼬았다.

"저 사실은…….”

아빠와 엄마가 동시에 민지를 보았다. 민지가 방긋 웃으며 말했다.

"이럴 줄 알고, 좀 전에 내가 벌써 전화했어요. 저 잘했죠?”

엄마가 어이없다는 듯이 웃었다.

"정말 못 말려, 우리 딸.”

정리 습관 지수 테스트

나는 과연 정리 정돈 잘하는 아이일까?
여러분의 정리 습관 지수는 어느 정도인지 평가해 보세요.

★ 해당되는 질문에 ✓ 표시를 하고, ✓ 개수를 세어 아래 결과에서 확인하세요.

1. 하루에 한 번 이상 집에서 물건을 찾은 적이 있다. ( )

2. 학교에서 다녀오면 책가방을 아무 데나 던져 놓는다. ( )

3. 아침에 준비물을 챙기느라 지각한 적이 있다. ( )

4. 서랍마다 어떤 물건이 있는지 모른다. ( )

5. 침대 밑에서 양말 한 짝이 나온 적이 있다. ( )

책상에 잡다한 물건이 많아서 공부할 공간이 없다. ( )

엄마한테 하루에 세 번 이상 치우라는 잔소리를 듣는다. ( )

물건들을 잘 잃어버린다. ( )

다 먹은 컵이나 간식 접시는 먹은 자리에 그대로 둔다 ( )

옷을 벗으면 옷걸이에 걸지 않고, 아무렇게나 둔다. ( )

★ 결과

- **10개** 구제불능이군요. 하지만 포기는 하지 마세요. 지금부터 노력하면 할 수 있어요!
- **7개~9개** 정리 정돈할 생각은 있지만 실천이 안 되고 있네요. 생각보다 실천이 더 중요한 법. 지금 당장 하나씩 해 보세요.
- **4개~6개** 지금도 안 늦었어요. 으샤으샤. 자신감을 갖고 정리 정돈 습관을 갖도록 노력해 보세요.
- **2개~4개** 비교적 정리 정돈을 잘하고 있군요. 하지만 조금만 더 신경 쓰면 깔끔한 정리쟁이가 될 소질이 있어요.
- **0개~1개** 짝짝짝! 멋진 친구군요. 좋은 습관 이대로 쭈욱 가는 거예요.

놀이도 하고! 정리도 하고!

민지네 도우미 할머니가 알려준 놀이 기억나죠? 재미있는 놀이를 하다 보면 어느새 깨끗하게 정리도 되어 있고, 정리 습관도 길러져 있을 거예요.

1 나란히, 나란히, 나란히. ♪ ♪
　　　댓돌 위에 신발들이 나란히~

★ 신발 정리하기
현관은 우리 집의 얼굴. 현관이 깨끗해야 우리 집도 깨끗해져요. 신발들은 가지런히 놓고, 신고 나가기 쉽게 돌려놓아요.

2 깊은 산 속 옹달샘 누가 와서 먹나요? ♪
　　새벽에 토끼가 눈 비비고 일어나, 세수하러 왔다가 물만 먹고 가지요

★ 손 씻기
우리 손과 발에는 세균이 우글우글. 밖에서 세균을 묻혀 들어올 수는 없지요. 냉장고 문을 열기 전 손과 발을 깨끗이 씻어서 세균을 말끔히 날려 버려요.

3 두껍아, 두껍아, 헌 집 줄게. 새 집 다오~ ♪

★ 책가방은 제자리
죄 없는 책가방을 아무 곳에나 던져 놓지 말아요. 먼저 책가방을 놓을 자리를 정해 둬요. 이제부터 책가방의 집은 그 자리니까, 학교 다녀온 뒤에는 꼭 그 자리에 놓아두어요.

매일매일 지켜야 할 4가지

숙제부터 하고 놀아요
숙제를 하고 나면, 마음도 가벼워서 노는 게 몇 배나 즐겁지요.

준비물은 미리미리 챙겨요
바쁜 아침에 준비물을 챙기면 하루가 정신없어요.
전날 미리 준비물을 챙겨서 가방 안에 넣어 두어요.

내 방 청소는 내 손으로!
초등학생이면 엄마가 모든 걸 해 주기를 바라면 안 돼요.
내 방 청소쯤은 내 손으로 후딱 해치워요.

'내일' 병을 고쳐요
"이따 하지 뭐.", "내일 할 거야." 이런 생각부터 고쳐야 해요. 오늘 할 일은 오늘 해야 해요. 모든 일에 '내일'은 없답니다.

국립중앙도서관 출판예정도서목록(CIP)

엄마가 치워 : 정리 정돈 습관을 길러주는 책 / 글: 김선희
; 그림: 박윤희. ─ 고양 : 위즈덤하우스 미디어그룹, 2011
  p. ;   cm. ─ ─ (좋은습관 길러주는 생활동화 ; 10)

ISBN 978-89-6247-322-3 74810 : ₩8500
ISBN 978-89-92010-33-7(세트) 74810

동화[이야기][童話]
정리(정돈)[整理]

813.8-KDC5   CIP2011002342

정리 정돈 습관을 길러주는 책
엄마가 치워

초판 1쇄 발행 2011년 6월 23일   **초판 7쇄 발행** 2018년 5월 10일

글 김선희   **그림** 박윤희
펴낸이 연준혁   **스콜라 부문대표** 신미희

출판 5분사 분사장 윤지현
디자인 함지현

펴낸곳 (주)위즈덤하우스 미디어그룹   **출판등록** 2000년 5월 23일 제13-1071호
제조국 대한민국   **주소** 경기도 고양시 일산동구 정발산로 43-20 센트럴프라자 6층
전화 (031)936-4000   **팩스** (031)903-3891   **전자우편** scola@wisdomhouse.co.kr
홈페이지 www.wisdomhouse.co.kr   **스콜라 카페** http://cafe.naver.com/scola1

ⓒ김선희, 2011
ISBN 978-89-6247-322-3 74810
ISBN 978-89-92010-33-7 (세트)

이 책은 저작권법에 따라 보호받는 저작물이므로 무단전재와 무단복제를 금지하며,
이 책 내용의 전부 또는 일부를 이용하려면 반드시 저작권자와 (주)위즈덤하우스 미디어그룹의
동의를 받아야 합니다.
＊잘못된 책은 바꿔 드립니다.   ＊이 책의 사용 연령은 8~13세입니다.

스콜라는 (주)위즈덤하우스 미디어그룹의 아동·청소년 브랜드입니다.